鹿児島大学島嶼研ブックレット

13

TOUSHOKEN BOOKLET

奄美島唄入門

梁川英俊 著

YANAGAWA Hidetoshi

●目次●

奄美島唄入門

Introduction to Amami Shimauta

YANAGAWA Hidetoshi

I　はじめに

鹿児島県の奄美群島で歌われる奄美島唄は、日本の民謡のなかでもとくに人気の高い民謡のひとつです。独特の裏声で歌われるその歌は、一度聴いたら耳から離れないような魅力をもっています。

本書はその奄美島唄の入門書です。

といっても、島唄の教則本や曲目の解説本ではありません。

本書は最近島唄に興味をもって、その由来や歴史や背景をもっと知りたいと思っている人に向けて書かれています。目次をご覧いただければおわかりのように、各章のタイトルはすべて疑問形になっています。「誰が」「いつ」「どこで」「何を」「なぜ」「どのように」という初心者ならば誰もが抱くような素朴な疑問ばかりです。

こうした基本的な問いに、簡潔にわかりやすく答えようというのが本書のねらいです。とはいえ、これらの問いはどれもすっきりと答えられない難問ぞろいです。本書でも明快に答えられないことのほうが多いかもしれません。ただ、その場合でも、なぜそれがそんなに難しいのか、少なくともその理由だけは、はっきりとわかるように書くようにしました。理由がわかれば、読者の皆さんが自分でさらに明快な答えを探すことができるからです。

その意味で、本書は島唄の入門書であるとともに新たな探求への誘いでもあります。この本が皆さんの島唄への興味と探求心をかき立てることができれば、著者としてそれにまさる喜びはありません。

Ⅱ　島唄はどういう歌なのか

1　「声の文化」と「文字の文化」

奄美島唄とはどのような歌なのでしょうか。

皆さんがふだんカラオケで歌うような歌には、必ず作詞者と作曲者がいます。奄美島唄には作曲者もいなければ作詞者もいません。もちろん、楽譜もありません。作曲者も作詞者も楽譜もない歌、それが奄美島唄です。皆さんが知っている歌と島唄はなぜこんなに違うのでしょうか。

皆さんが知っている歌は、いうなれば「文字の文化」の歌です。それは紙に詞を書き、楽譜に音符を記すのが当たり前の世界です。

一方、奄美島唄は「声の文化」の歌です。それは歌詞やメロディーを書くことを前提にせず、耳で聞き、口で歌われるだけで成立する世界です。

「文字の文化」は現在の私たちの世界です。誰もが文字の読み書きをできますし、現代社会はそれを前提にして成り立っています。

けれども、世の中に教育が普及する前は、文字の読み書きができるのは当然ではありませんでした。多くの人が読み書きはできず、「声の文化」の世界に生きていたのです。奄美島唄はそんな時代にできた歌です。

ですから､島唄を理解するためには､まず「声の文化」の常識を理解しなければなりません。「文字の文化」では、歌とは作詞者や作曲者がいて楽譜に書かれるものですが､「声の文化」では歌はただ歌われるだけです。その歌を聞いて誰かが「いい」と思えば、他の人にも歌って伝えていく。そういう世界です。

私たちはいま「文字の文化」の世界に生きていますから、昔の「声の文化」の常識をしばしば忘れてしまいます。けれども、これから述べる島唄には「声の文化」の常識がふんだんに含まれています。それは「文字の文化」の常識とは驚くほど違いますが、とても興味深いものです。これから島唄を通じて、一緒に「声の文化」の常識に親しんでいきましょう。

2　奄美島唄とは

まず、奄美島唄が歌われている奄美群島を簡単に紹介しましょう。奄美群島は鹿児島市からおよそ三七〇キロの海上に位置し、奄美大島、加計呂麻島、請島（うけじま）、与路島（よろしま）、喜界島、徳之島、沖永良部島、与論島の八つの有人島からなっています。群島の北端から南端までは約二〇〇キロです（図1）。

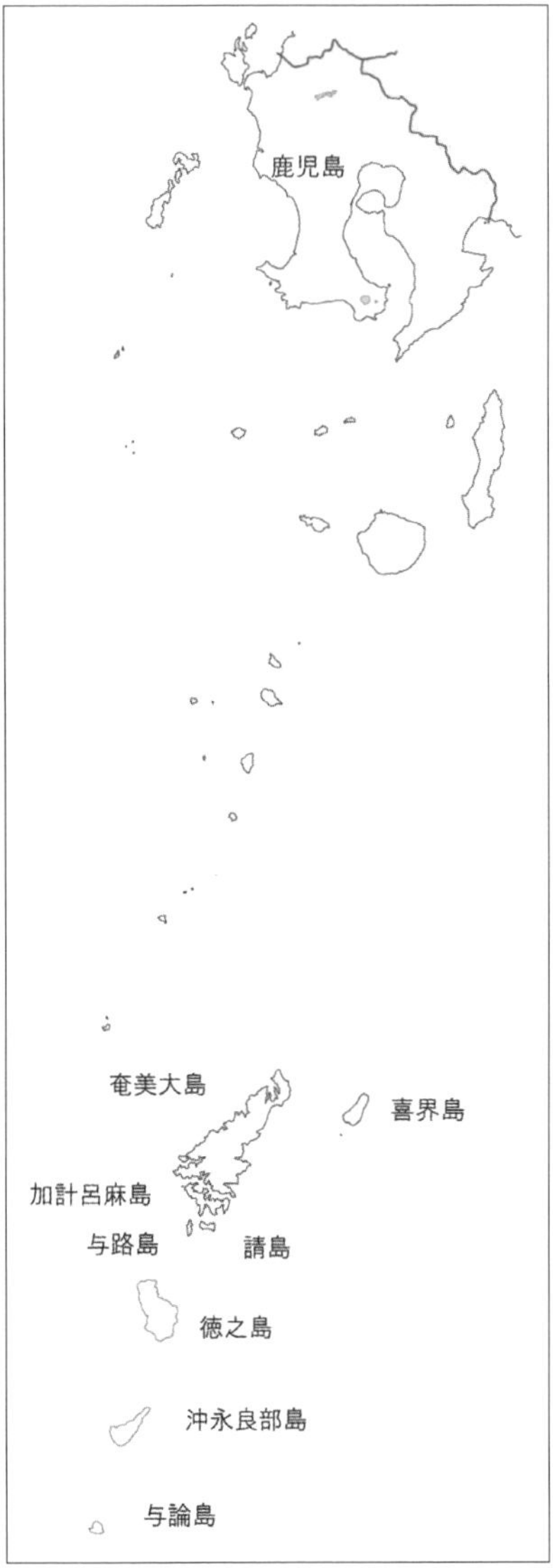

図1　奄美群島全図

奄美の民謡について語るとき、奄美群島を大きく北部と南部の島々に分けて考えるのがふつうです。奄美大島、加計呂麻島、請島、与路島、喜界島、徳之島が北部、沖永良部島、与論島が南部です。奄美の民謡は北部と南部で大きく異なっているからです。北と南の歌の大きな違いは音階にあります。北部の歌は五音音階の律音階と民謡音階が主流ですが、南部の歌は琉球音階が主流です（図2）。簡単にいえば、北部の音階は本土の民謡と同じで、南部の音階は沖縄の民謡と同じということになります。つまり奄美の民謡は、本土の音階の南限であるとともに沖縄の音階の北限でもあるのです。

奄美群島の民謡は「仕事歌」、「行事歌」、「遊び歌」の三種類に区別できます。仕事歌とは田植えや船漕ぎのような仕事のときに歌われていた歌で、いまではあまり歌われません。行事歌は島の年中行事のときの歌で、現在残っている代表的な歌は八月踊り歌です。これは旧暦八月に行われる八月踊りのときに、集落の人々

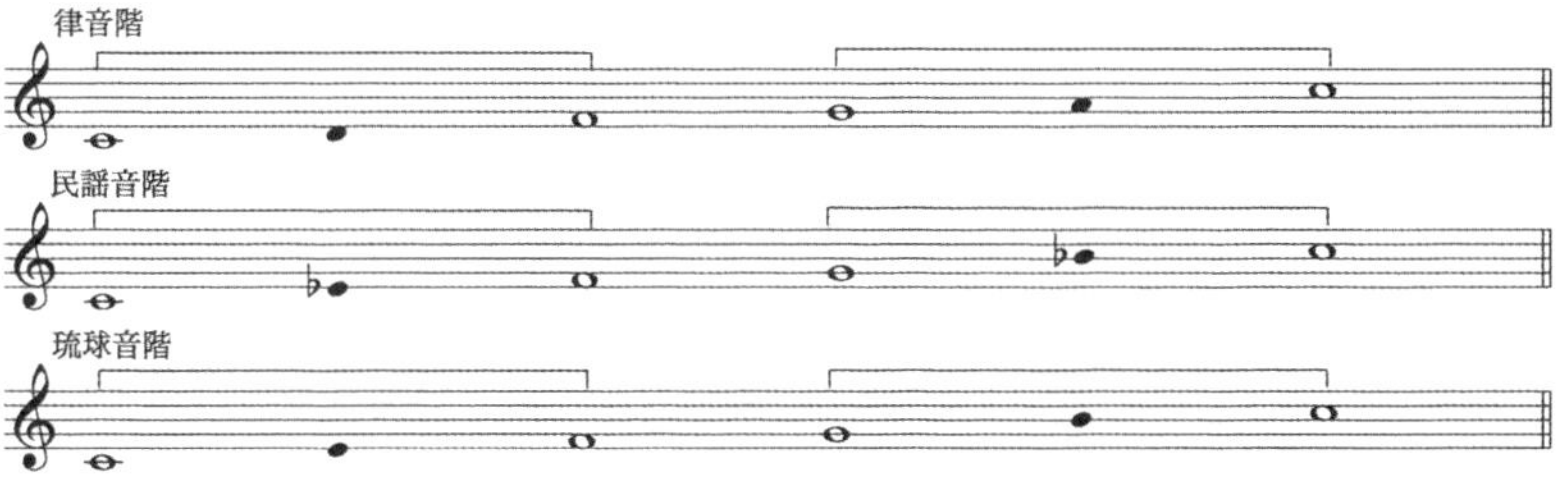

注：上の音階の4度枠では、白抜きの音符が核音、黒塗りの音符が中間音（小泉文夫の音階理論による）

図２　奄美民謡の音階

が踊りながら歌う歌です。最後の遊び歌は、仕事や行事とは関係なく、遊びのために三味線の伴奏で歌う歌の総称です。

これらの歌のうち「奄美島唄」と通称されるのは、奄美群島北部の奄美大島、加計呂麻島、請島、与路島、喜界島、徳之島の遊び歌です。曲数としては、よく歌われる歌だけを数えれば五十曲程度でしょう（表1）。奄美南部の島々の遊び歌はふつう奄美島唄とは呼ばれず、各島の名前をつけて「沖永良部民謡」「与論民謡」と呼ばれています。本書は奄美島唄の入門書ですから、北部の六島、なかでも奄美大島の遊び歌が中心になることを最初にお断りしておきます。

島唄というとすぐに沖縄の民謡を思い浮かべる人が多いようです。しかし島唄というのは、もともと奄美北部の遊び歌のために使われていた名称です。沖縄の民謡を島唄と呼ぶようになったのは、一九七〇年代に奄美を訪れた沖縄のラジオ局のディレクターがこの呼び名を気に入って、自分の番組のタイト

表1　奄美大島で歌われる主要な島唄

（北部と南部の項目の○印はどちらと関係が深いかというひとつの目安）

		曲名	同系曲	北部	南部
1	あ	上がれ立雲節			○
2		上がれ日ぬはる加那節			
3		朝顔節			○
4		朝花節			
5		朝別れ節			○
6		芦花部一番節			
7		天草			
8		雨ぐるみ節	今里立神節、大熊助次郎加那、あんちゃんな節、チョイチョイ節		
9	い	行きゅんにゃ加那節	ゆん目やんみ節		

10		行きょうれ節			○
11		いそ加那節			○
12		糸繰り節			
13		いまぬ風雲節			
14		稲すり節			
15	う	請くま慢女節	ちど節		
16		うんにゃだる節			
17	か	嘉徳なべ加那節			
18		かんつめ節			
19	き	儀志直節		○	
20	く	くるだんど節			
21		国直よね姉節			
22	こ	こうき節		○	
23	さ	山と与路島節			○
24	し	塩道長浜節			
25		しゅんかね節			
26		俊良主節			
27		正月着	うめつゆあんま		○
28		諸鈍長浜節	ヒャルガヘー		
29	す	すばやど節			○
30	ち	ちょうきく女節			○
31	て	太陽ぬ落てまぐれ節			
32		でんなご節		○	
33	と	徳ぬ山岳節		○	
34		徳之島節	犬田布節		○
35		とらさんながね節			○
36	な	長雲節			
37	は	花染め節			
38		はんめ取り節			○
39	ほ	豊年節			
40	ま	曲がりょ高頂節			○
41		マンコイ節			
42	む	むちゃ加那節	うらとみ節		
43	や	やちゃぼう節			
44	よ	ヨイスラ節	舟ぬ高艫節		
45		ヨー加那節		○	
46	ら	らんかん橋節			
47	ろ	六調			
48	わ	渡しゃ			

小川学夫『奄美の島唄』（根本書房、1981年）を参考に作成

ルに使うようになってからです。「島唄」ということばが奄美の発祥であるということはぜひ覚えておきましょう。

3　島唄、島歌、シマウタ、シマ唄、シマ歌

奄美のことば（シマグチ）で、「シマ」といえば「集落」を意味します。昔の奄美では、シマはひとつの小世界でした。昔はいまのように道路も整備されていませんでしたから、よそのシマに行くためには、舟に乗ったり山を越えたりしなければなりませんでした。ですから、よそジマというのは、大げさではなくほとんど「外国」でした。島唄にはそんな時代の雰囲気を感じさせる歌詞がたくさん残っています。

シマ名残りや落とすなよ　くまやよそジマじゃんが　シマ名残りや落とすなよ
（シマに未練を残すなよ。ここは他シマだから、未練を残すなよ）
他シマ縁結ぶなよ　他シマ縁結ぶば　落とさん涙落とすんど
（他シマの人と結婚するなよ。結婚すれば、落とさなくていい涙を落とすよ）
シマやだぬシマむかわりぎやねらぬ　水にひきゃされて　ことばかわろ

（シマはどこでも人情において変わりはないが、ただ水の流れに沿ってことばが変わる）

シマウタとは「シマのウタ」、つまり自分の集落で歌われている歌のことでした。この本来の意味を強調するために、島唄の本では「シマウタ」「シマ唄」「シマ歌」などさまざまな表記が使われています。しかし原義はともかく、現在のシマウタはシマの歌という側面は弱くなり、奄美群島を代表する歌という側面が強くなっています。つまりシマウタのシマは、かぎりなく「島」に近づいているのです。本書が「島唄」という表記を採用したのもそのためです（なお、本書では固有名詞として定着している「島唄」や「唄者」にのみ「唄」という字を使い、ほかは「歌」で統一したことをお断りしておきます）。

とはいえ、奄美群島にはなおシマごとの特徴を残している歌があります。それは八月踊り歌です。八月踊り歌は島唄のように誰がどこで歌ってもいい歌ではなく、一年のある時期だけ集落限定で歌われるものです。したがって、その歌には集落の伝統が脈々と受け継がれています（図3）。島唄が「個人」によるパフォーマンスで、シマのみならず、その外にも向かう歌だとすれば、八月踊り歌は「グループ」によるパフォーマンスで、あくまでもシマの内にとどまろうとする歌だといえるでしょう。

図３　八月踊り（『南島雑話』奄美市立奄美博物館所蔵）

4　カサンとヒギャ

先にいったように、島唄のシマごとの特色は弱まってはいますが、もっと大きな地域による違いは残っています。奄美大島の場合、よくいわれるのは北部と南部による歌の違いです。大島では北部の歌を「カサン」、南部の歌を「ヒギャ」と呼んで区別します。

図４　奄美大島北部の風景

ただ、この呼称はあくまでも習慣的なもので、カサンとヒギャの境界がどこにあるのかは大変に漠然としています。一説では大和村のあたりが境界だといわれていますが、地図上に明確な境界線が引けるような区別ではないということはお断りしておかねばなりません。歌のスタイルとしては、一般的にカサンはおだやかで明るく、ヒギャはダイナミックで陰影に富むといわれています。この違いは大島の北部は地形がなだらかで（図４）、南部は山がちで入

図５　奄美大島南部の風景

江が多い（図５）ことから来ると説明されることが多いのですが、二つの歌の違いはすぐに聞き分けられるほど単純明快なものではありません。また、同じタイトルの歌でもカサンとヒギャでは別の曲かと思うほど違う場合もあります。それが地形の影響によるのかどうかは定かではありませんが、少なくとも大島の山がちな地形が南北の交流を難しくし、各々の歌の伝統をつくったというのはたしかでしょう。

北と南の違いは歌の役割にも表れます。たとえば、「長雲節」という歌があります。この歌は北大島では宴を閉めるときの別れ歌ですが、南大島では正月や婚礼などに際しての祝い歌として歌われます。北ではよく歌われ、南ではあまり歌われない曲（「ヨー加那節」「儀志直節」「徳ぬ山岳節」など）、逆に南ではよく歌われ、北ではあまり歌われない曲（「ちょうきく女節」「山と与路島節」「徳之島節」「とらさんながね節」「すばやど節」など）もあります。また、同じ曲でも南北で歌われる歌詞が異なることもあります。

このカサンとヒギャという区別ですが、いつから使われるようになったのかはよくわかっていません。少なくとも戦前の奄美民謡に関する著作には登場しませんから、戦後にできた区別だと考えていいでしょう。おそらく民謡大会などで南北の唄者が頻繁に交流するようになって、シマよりも少し広い範囲で歌の共通性が認識できるような時代になってから生まれた区別なのではないでしょうか。いずれにせよ、大島の島唄はシマごとの特色は弱くなっているものの、まだ全島一律ではなく、南北でさまざまな違いがあるということは確認しておきたいと思います。

5　裏声

島唄の代表的な特徴といえば、やはり裏声です。じっさい奄美島唄ほど裏声を多用する民謡は日本にはほかにありません。なぜ裏声で歌うようになったかについては諸説あります。ひと昔前によくいわれたのが、島唄の裏声は薩摩藩の圧政に呻吟する人々の叫びだという説です。昔の島の生活の苦しさを否定するつもりは毛頭ありませんが、率直にいってこの説には違和感を禁じ得ません。島唄で歌われる歌詞は叫んで歌うような内容とは思えませんし、精妙な声の技術を必要とする島唄の裏声はけっして叫びと同一視できるものではないからです。

いまひとつの説は、奄美にはウナリ（姉妹）神信仰があって女性の地位が高かったので、男性が女性の声に合わせて歌ううちに裏声になったという説です。これは男性の裏声の発祥の説明としてはいいのですが、女性まで裏声で歌うのはなぜかという疑問が生じます。もし女性が男性に合わせて裏声になったのなら、男性が女性に合わせたという最初の話とは矛盾しますから、この説もいまひとつ説得力に欠けるといわざるを得ません。

ほかにも裏声が非日常的な声であることから、その起源を神歌に求める説などがありますが、遊び歌である島唄と神歌との関係は本当のところよくわかっていません。結局、すべては仮説であって真偽のほどは知りようがないということになるのかもしれませんが、ひとつだけたしかなことがあります。それは奄美の人々があるときに裏声を心地よいと感じ、その声で歌いたいと思ったということです。

裏声は本当に奄美の風土とよく合っています。島唄を奄美の空気のなかで聴くと、「よくぞこの風土にこの民謡」と感心せずにはいられません。曇りがちの天気が多い奄美で、雲間から日の光が射したり隠れたりするとき、また雲が落とす陰影で海や山々の色が刻々と微妙に表情を変えていくのを見るとき、この景色をあますことなく表現できるのは島唄の裏声以外にないと思わされます。きっかけが何であったにせよ、ほかの民謡では「逃げの声」と否定的に評価される裏声の美質に感応し、それをここまで磨きあげてきた奄美の人たちの感受性にはただ感嘆するしかありません。

Ⅲ　島唄はいつから歌われているのか

1　平家起源説

島唄はいつ頃から奄美で歌われるようになったのでしょうか。

二十世紀前半の奄美の知識人たちは、島唄を語るときによくその「古さ」を強調しました。とくに好んで比較されたのは『万葉集』です。『万葉集』のなかに奄美の島唄とよく似た歌があるというのがそのおもな理由ですが、それを拡大解釈して「奄美には万葉人がいた」とまでいう人もいました。その後、定説のようになったのは、島唄の起源が平家の落人にあるという説です。

奄美には昔から、壇ノ浦で敗れた平家一族のうち資盛、行盛、有盛が奄美に落ち延びて、諸鈍（しょどん）、戸口、浦上に城を構えたという伝説があります。この三人は歌の名人でしたので、島唄は彼らが島で歌を教えたことから始まったと考えられるようになったのです。

たしかに奄美には、大屯神社や行盛神社や有盛神社をはじめとする平家ゆかりの場所がありますし、「平家没落由来書」のような来島を伝える文書も少なくありません。しかし、これらはいずれも比較的新しいもので、中世にこの三人が来島したことを示す確実な証拠はありません。さらに、ほかの観点から見ても、いま歌われているような島唄が平家の来島を機に生まれたと考えるのはかなり無理があるといえます。

たとえば、歌の形式です。もし平家の落人が島唄を教えたとすれば、島唄は和歌と同様に五七五七七の三十一音の形式をとっていなければならないはずです。けれども、島唄の基本的な形式は琉歌調で八八八六調の三十音です。琉歌調は、十六世紀末から十七世紀初頭にかけて本土歌謡の主流となった七七七五調の近世小唄調が琉球に入った影響で始まったもので、その成立は十七世紀前半のことだとされています。平家の没落は十二世紀ですから、琉歌調の成立よりもはるかに昔の出来事です。

島唄の平家起源説は戦後になっても主張され、いまでも信じている人がいますが、このように考えるとかなり信憑性が乏しいものであるといわざるを得ません。ただ、そのこととは別に、この説は奄美の知識人が島唄を奄美ではなく本土由来のものだと考えていたという興味深い事実を教えてくれます。なぜ彼らは島唄が奄美で生まれたと考えなかったのでしょうか。これは一考に値する問題だと思います。

2　『琉歌百控』

さて、先ほど申し上げたように、琉歌調の成立は十七世紀前半でした。とすると、琉歌調を基本的な形式とする島唄の成立も当然それ以後ということになります。文献上の島唄に関する最古の記録は、現存する最古の琉歌集のひとつである『琉歌百控（りょうかひゃっこう）』にあります。この本は「乾柔節流」「独節流」「覧節流」の三部からなり、それぞれ一七九五年、一七九八年、一八〇二年に編纂されています。

その「乾柔節流」に「東間切之内潮殿村」と付記されて「諸鈍節」という歌が収録されています。歌詞としてあげられているのは次の二首です。

しゆとん宮童の雪色の歯　いつが夜の暮て御口吸わな
（諸鈍娘の歯は雪のように美しい。早く日が暮れてあの美しい娘とくちづけしたい）

しゆとん長濱に　打引波や　諸鈍ぬ女童ぬ　笑い歯茎
（諸鈍長浜に打ち寄せ引く波は、諸鈍娘の笑みがこぼれる姿を連想させる）

図６　「諸鈍長浜節」の歌碑

「しゅとん」を「諸鈍」に変えれば、いずれも「諸鈍長浜節」という島唄でよく歌われる歌詞です。付記にある「潮殿村」とは諸鈍のことでしょうから、十八世紀末の諸鈍で「諸鈍長浜節」と同じ歌詞の歌が歌われていたことは間違いないでしょう（図6）。『琉歌百控』にはほかにも「諸鈍長浜節」を思わせるタイトルの歌が「独節流」に「志由殿節」、「覧節流」に「主武堂節」と「潮殿節」の計三曲が収録されていますが、いずれも場所に関する付記はなく、歌詞の点でも今日の「諸鈍長浜節」とはかなり異なっています。

『琉歌百控』にはまた、島唄の「マンコイ節」と関連すると思われる歌が「乾柔節流」に二曲収録されています。最初の歌は「満開節」で「大嶋時花之事」と付記され、次の歌は「満戀節」で「大嶋」とだけ付記されています。どちらの歌も歌詞が二首ずつあげられていますが、今日の「マンコイ節」でよく歌われる歌詞は見当たりません。しかしそのうち二首は島唄全般でよく歌われる歌詞の類歌です。

大嶋七間切喜界五間切　徳永良部輿論那覇の地の内（満開節　一首目）
（大島の七間切と喜界五間切と徳之島永良部島与論島は那覇の範囲）
旅や浜やとり草枕こゝろ　寝も忘らぬ秘蔵か御側（満戀節　二首目）
（旅の海辺で草を枕に寝るのはさびしく、恋人のそばが忘れられない）

また次の一首は今日の「うんにゃだる節」で歌われる歌詞に類似しています。

恋し思里と満恋しゆる夜や　冬の夜の二長あらち給れ（満戀節　一首目）
（いとしいあなたと愛し合う夜は、冬の夜の二倍の長さがあってほしい）

ちなみに「満開節」の一首目は次のようなものです。

夏の夜も夜さめ冬の夜も夜さめ　満開主の夜と本の夜さめ
（夏の夜も夜、冬の夜も夜だが、満開主の夜こそ本当の夜だ）

この歌詞にある「満開主の夜」は「満戀節」の一首目の「満戀しゆる夜」の聞き違いである可能性が高いです。だとすると、この時代の大島では「マンコイ」ということばが含まれる歌が広く歌われていたということになるでしょう。

今日よく歌われる島唄で『琉歌百控』に掲載されているのはこの二曲ですが、琉歌の成立が十七世紀前半だということを考えると、島唄の大半は薩摩藩統治時代（一六〇九年〜一八七一年）につくられたと考えていいでしょう。けれども、具体的にいつどんな歌が歌われていたかを知ろうとすると、頼りになる資料はほとんどないのが現実です。そのなかで、薩摩藩統治時代末期における奄美の歌の事情を教えてくれる貴重な資料が、『南島雑話』です。

3　『南島雑話』

『南島雑話』は名越左源太という薩摩藩の藩士がまとめた資料です。この人はお由羅騒動で一八五〇年に奄美大島に遠島に処され、五年間住みました。この滞在中に彼が大島の動植物、風俗、生活などを絵入りで記録したものを中心に編まれたのが『南島雑話』です。

著者は歌舞音曲に造詣の深い人だったらしく、この資料には島で歌われている歌に関する記述があります。しかもその記述は大変にしっかりとしたものです。

『南島雑話』に記載されているのは、八月踊り、種下し、正月や新築や婚姻の祝い歌、田植えや草取りや舟漕ぎのための仕事歌（イト）など、主として行事や仕事に関わる歌です。そのなかで現在の島唄のレパートリーにあるのは、わずかに「おこれ節（おほこり節）」と「稲すり節」の二曲のみです。『南島雑話』には、「流行節」や「里諺（りげん）風」という見出しでさまざまな歌詞が記載されており、なかには現在島唄で歌われている歌詞に類似したものもありますが、両者の直接的な関係を指摘することは困難です。

左源太が暮らした一八五五年までの奄美大島には、現在歌われているような島唄はまだ歌われていなかったのでしょうか。あるいは、歌われてはいても、たまたま左源太が出会わなかっただけなのでしょうか。

どちらの可能性も考えられますが、『南島雑話』の記録を見るかぎり、左源太がとくに関心をもって歌を訪ね歩いた様子はあまり感じられません。どちらかといえば、たまたま出会った歌を書き記しただけという印象を受けます。たとえば、この資料には「琉球より出奔して大嶋に来るもの間々あり」として、「満る」というゾレ（左源太はゾフリと記しています）が紹介されていますが、「謡をうたひ、三線をひき渡世す」という短い記述を残しているだけで、彼女が具体的にどのような

図7　ゾフリ
（『南島雑話』奄美市立奄美博物館所蔵）

歌を歌っていたかについては触れていません（図7）。ゾレというのは奄美にいた遊女で、シマジマに歌を伝えるうえで大きな役割を果たしたことが知られていますが、もし左源太がゾレの歌をもっと積極的に聴いていれば、あるいは『南島雑話』における歌の記述は現在とは異なったものになっていたかもしれません。

4　「俊良主節」

ここまで、島唄がいつから歌われているのかという問いをめぐって考えてきました。けれども、この問いにはそもそも正解があるのでしょうか。そのことを「俊良主節（しゅんじょしゅ）」を例に考えてみましょう。

「俊良主節」は島唄のなかでは珍しく成立した年代がかなりはっきりとわかる曲です。というのも、この歌のなかで俊良主と呼ばれているのは、明治二十三年に奄美から選出されて初の衆議院議員となった基俊良（もといしゅんりょう）という人物だからです。この人はみの加那という女性と結婚しますが、ほどなく彼女は貝採りに行った海で溺死してしまいます。「俊良主節」は、妻を亡くして気落ちしたこの基俊良を慰めるためにつくられたといわれています。

泣くななげくな金久ぬ俊良主　とじぬみの加那や　運命（ちもり）ありょてど　苦潮水（にがうしゅ）やみしょしゃる

（泣くな嘆くな金久の俊良主、奥さんのみの加那が海に溺れたのは運命ですよ）

基が代議士になったのは六十四歳のときです。妻の事故は一八四六年のことと伝えられていますから、この歌ができたとき彼はまだ二十歳そこそこだったはずです。では、これを根拠に「俊良主節」がその頃につくられた歌だといい切ってしまっていいのでしょうか。たしかに基俊良を歌った「俊良主節」という歌はそれ以前にはなかったでしょう。しかし、歌は歌詞と節でワンセットです。歌の成立を考えるときに節を忘れることはできません。そして、この歌の節がいつ成立したのかを知るのは、じつは大変に難しいのです。

「俊良主節」には元歌があります。「ふなぐら節」という歌です。この歌は、ふなぐら坂という坂を越えて恋人の愛加那のもとに通った喜代民(きよたみ)主という役人を歌ったものでした。

ふなぐら道くゎや　愛加那されて　かよていもらんな　喜代民おきて主

（ふなぐら道は愛加那がきれいにしておきますから、通ってくださいな、喜代民おきて主）

つまり「俊良主節」は、この「ふなぐら節」の節は変えずに歌詞のみを変えた、いわゆる「替え歌」だったわけです。ところが、話はそれで終わりません。「ふなぐら節」にも「奥道のぼせ節」という別の元歌があることがわかっているからです。

さて、こうなると「俊良主節」の節がいつ成立したのか、まったくわからなくなってきます。というのも、この「奥道のぼせ節」にも元歌がある可能性が否定できなくなるからです。

歌詞に関してはそこで歌われている人物や事件の年代がわかれば、その成立年代をある程度推測することができます。しかし節に関しては、このように同じ節がいくつもの歌詞で歌われてきた可能性があるので、それがいつつくられたのかを判断することは非常に難しいのです。

そういえば、妻を亡くした若い「俊良主」を慰める目的で歌われた「俊良主節」は、基が年老いてからも歌う人がたくさんいたので、彼は当時「銀どろ」と呼ばれた銀貨を出しては「歌うのをやめてくれ」と懇願したそうです。そのため、この歌はひと頃「銀どろ節」とも呼ばれていたようです。島唄の曲名が、ちょっとしたきっかけでどんどん変わるという好例でしょう。

5　異名同曲

この「俊良主」のように、奄美島唄には同じ節が歌詞を変えて歌い継がれている異名同曲がたくさんあります。たとえば、「雨ぐるみ節」です。

西ぬ管鈍なんじゅ　雨ぐるみぬかかて　雨ぐるみあらぬ　愛しゃんちゅぬ目涙
（西の管鈍に雨雲が下がっていますが、あれは雨雲ではなく、いとしい人の涙です）

この曲は、大和村方面では最初の文句が「今里立神なんじゅ」に変わり、「今里立神節」と呼ばれています。雨雲がかかるのは、遠くの宇検村管鈍ではなく、地元今里の名物・立神になるわけです。同じ歌はまた、名瀬の大熊では「大熊助次郎加那」と呼ばれ、こう歌われます。

大熊助次郎加那や　童とじかめて　前撫で腰撫でしゅて　抱ちゅてほでしょ
（大熊の助次郎さんは若い奥さんをもらって、前を撫で腰を撫でして抱いて育てたよ）

さらに、この曲は「あんちゃんな節」という歌になると、こうなります。

大和浜降り口なん　もち米うばんぬあんちゃんな　うれがかてむんや　なばみんぐりさいたなが
（大和浜の降り口にもち米のごはんがあるそうだよ。おかずはキノコ、キクラゲ、川エビ

だそうな）

最初にいったように島唄には作曲者も作詞者もいませんから、著作権をいい立てる人もいません。歌を聞いた人がそれを気に入って自分の地域にもち帰って、それぞれの土地に合うように自由に歌詞を変えて歌ったり、ほかの出来事を伝えるために使ったりすれば、異名同曲がどんどん増えていくのは当然のことでしょう。ここにあげたのはそのほんの一例ですが、昔はもっと多くの異名同曲があっただろうということは容易に想像できます。

島唄が成立した「声の文化」においては、歌はすべてどこからともなく伝えられてきたもので、すべての人の共有財産だったのです。島唄はそんな時代の自由闊達さをいまに伝えています。

Ⅳ 島唄はどのように歌われるのか

1 歌遊び

奄美では島唄の歌い手のことを「唄者」といいます。現在のステージでは、唄者が一人で、もしくは囃子と一緒に二人で歌うのがふつうです。歌う歌詞もひとつか二つで数分で終わってしまいます。けれども、こういう歌い方は日本民謡に合わせた歌い方で、島唄本来の歌い方ではありません。島唄というのはもともと遊び歌ですから、集落のなかで仲間と一緒に遊ぶための歌なのです。こうした遊びは「歌遊び」と呼ばれています（図８）。

遊びばよ　汝きゃ吾きゃ寄らとて遊びばよ　わなりしゅり　遊ばらん友人きゃぬ　わなりしゅり

（みんなが集まって遊んでいると、遊ばないほかの人が嫉妬しますよ。だからみんな誘って遊びましょう）

図８　歌遊び

昔の奄美では「遊び」といえばまず歌遊びのことでした。歌は娯楽が限られていた時代にあって数少ない貴重な娯楽だったのです。

ここで少しですが、歌遊びの雰囲気を味わってみましょう。歌遊びはまず挨拶から始まります。挨拶のために最初に歌われる歌が「朝花節」です。歌遊びでは挨拶も歌いながらするわけです。

稀れ稀れ汝きゃば拝でぃ　神ぬ引き合わせに　稀れ稀れ汝きゃば拝でぃ
（お会いするのは久しぶりですね。神さまの引き合わせで久々にお会いできました）
稀れ稀れ汝きゃば拝でぃ　なま拝みば　ないち頃拝みゅかや
（お会いするのはお久しぶりですね。いまお会いしなければ今度はいつになりますか）

歌遊びに集った人たちは、こうして各々が歌詞を出し合って、次々とひとつの歌を継いでいきます。島唄ではふつうの歌のように曲の終わりは決まっておらず、興が乗れば一曲を延々と歌い続けることができます。そこには歌い手と聞き手の区別はなく、誰もが歌い手であり聞き手なのです。歌おうか歌うまいかとモジモジしていると、こんな歌が飛んできます。

打ち出さんなやり出さんな　歌やあるなりじゃが　打ち出さんなやり出さんな
(歌いましょうよ。ありのままに歌えばいいのですから、歌いましょうよ)

そういうときは、たとえばこう応えます。

歌いちば歌いどしゅる　うがな朝花　歌いちば歌いどしゅる
(歌えといわれれば歌いますよ。朝花節くらい、歌えといわれれば歌いますよ)

遊びに熱中してくると、

女童ぐゎぬ歌声ききば　土鳩青鳩竹吹きゅる如　聞きぶさや
(若い娘の歌を聞いていると、土鳩や青鳩が笛を吹いているようで、もっと聞きたいな)

などと、どんどん欲が出てきて、

遊ぶ夜ぬ浅さ　宵と思めば夜中　鳥歌うと思めば　にゃ夜や明きゅる
(遊んでいると夜が短くて、夕方と思えば夜中、鳥が鳴いたと思えば、もう夜明けです)

と、知らないうちに朝になってしまうこともあります。さすがに朝になれば、帰るしかありません。

暁や成りゅり　戻らじな成らぬ　戻る暁の　露の恨(ち)みしゃ
(朝になってしまっては、帰らなければなりません。帰るときは朝露が恨めしいことよ)

2　歌掛け

島唄は曲と歌詞の結びつきがとても緩く、同じ歌詞をいろいろな歌で歌うことができます。島唄にはそのために昔から伝えられている歌詞がたくさん残っています。歌遊びではそうした歌詞をたくさん覚えていて、当意即妙に繰り出せる人が名人とされます。重要なのは歌の上手下手よりも、歌詞に通じていることなのです。歌詞をたくさん知っている人はネンゴシャと呼ばれて尊敬され、歌だけ上手で歌詞を知らない人はクイシャと呼ばれて軽んじられたといいます。

昔の本格的な歌遊びでは、歌を出すときに重視されたのは、前の人が歌った歌詞との脈絡でした。いくら歌を出しても前の歌と何の関係もない歌ではいけないのです。こうして関連づけて歌を継いでいく方法は「歌掛け」と呼ばれます。一例をあげましょう。

今日ぬ誇らしゃや　何にがや譬る　白枯れの花の露　うけたごとくに
（今日の幸せを何に譬えましょう。白枯れの花が露を受けて蘇ったような幸せです）
白枯れの花や　水かけて活ける　情かけみしょち　活けてたぼれ
（白枯れの花ならば、水をかけて活けるものです。私にも情をかけてください）
活ける情水　かけ欲しゃや有ても　人の玉黄金活けて何しゅが
（活ける情水をかけたいと思っても、人の愛人を活けてどうしましょうか）

最初の歌の「白枯れの花」が二番目の歌に受け継がれ、二番目の歌の「水」や「情」が三番目の歌詞に受け継がれているのがわかるでしょう。もちろん、これは掛歌の一例にすぎず、歌の掛け方にはさまざまなパターンがあります。いずれにせよ共通しているのは、参加者は自分の歌詞のストックのなかから、上手に前の歌を受ける歌を選んで歌わなければならないということです。

歌掛けの方法としてはこのように手持ちの歌詞から、その場にふさわしい歌詞を選んで歌うというのが一般的ですが、昔の本格的な歌掛けではその場で即興的につくった歌詞を交し合うのが主流だったといわれています。名越左源太の『南島雑話』にも「掛哥ノ図」(図9)が描かれ、「かけ哥といふものあり」と歌掛けについての証言があります。それによると、「哥は当座に作立、すらすらくちごもらぬようにうたひ出ものを上手とし、哥の趣向遅く出るを

図9　掛哥ノ図(『南島雑話』奄美市立奄美博物館所蔵)

まけとす」（歌は即興でつくって素早く返すのがよく、もたもたしていると負けになる）というのがルールだったようですから、伝統的な歌掛けは明らかに一種の勝負であったことがわかります。それが具体的にどのようなものであったのかは、いまとなっては残った歌詞を見ながら想像するしかありませんが、シマグチで歌詞をつくるという行為が日常的であった時代には、歌掛けは頭の回転や言語センスを競うスリリングで楽しい一種のゲームとして、広く行われていたに相違ありません。

こうした勝負としての歌掛けについては、シマジマで語り継がれている伝説があり、「誰それと誰それが一晩中歌掛けをして勝負がつかなかった」とか「集落の向こうの端とこちらの端に誰それと誰それが立って、歌掛けで勝負をした」というような話を、いまでも聞くことがあります。ただ、その大半はかなり高齢の人が親の世代から聞いた話として伝えているものですから、じっさいにそういう勝負が行われていたのは相当に昔のことだったと思われます。

3　三味線について

歌の話はこのくらいにして、ここで少し三味線の話をしましょう。最近の島唄関連のイベントのポスターには、着物を着た女性が颯爽と三味線を弾きながら歌う写真がよく使われていますが、こうした写真はひと昔前ならば考えられないことでした。というのは、三味線は長い間、男性の楽器だったからです。じっさい、ある年配の女性唄者が歌を習いたての頃、師匠に「三味線を弾きたい」といったら、「女が三味線なんて！」と即座に撥ねつけられたといいます。

もっともこれは奄美にかぎった話ではなく、全国的に見ても昔は三味線には花柳界や芝居小屋のイメージがつきまとっていて、良家の子女がやるものではないと思われていたようです。奄美にもゾレの伝統がありましたから、三味線を弾くのは商売女だというイメージが根強く残っていました。三味線を弾く女性に「カッコいい」というプラスイメージが出てきたのは、せいぜいこの二、三十年のことでしょう。

けれども、奄美ではゾレ以外に三味線を弾く女性がいなかったわけではありません。たとえば、節子のトミです。この人は本名を藤富過といい、奄美大島南部の節子という集落に住んでいました。明治、大正、昭和を生き抜き、昭和八年に六十九歳で亡くなっています。美人の誉れ高く、歌も三味線も踊りも上手で、そのうえ烏賊曳きもすれば鉄砲を片手に鴨打ちもするという活動的な女性であったと伝えられています。彼女のように三味線を弾く女性として知られた人たちは、お転婆、男勝りとして有名だった人たちで、女性としてはかなり例外的な存在だったようです。

奄美でふつうの女性が三味線を弾くようになったきっかけは、島唄教室だったのではないでしょうか。伝統の継承を目的として子供たちに島唄を教えようという風潮が現れ、島唄教室に通う子供たちが出てきて、男女の区別なく生徒たちが師匠の三味線をまねしながら歌うようになったことで、自然と三味線を弾く女性が増えてきたように思います。じっさい、いま三味線を弾く三十代や四十代の唄者はほとんどが島唄教室の出身です。島唄教室の指導者によれば、三味線を習うのは男の子に比べて女の子のほうがはるかに熱心だそうですから、それもこの傾向に拍車をかけたといえるでしょう。五、六十年前は唄者といえば男性ばかりで、女性の唄者は見つけるのも難しかったそうですから、伝統が逆転するのは早いものです。

もうひとつ、三味線に関して、いまは当たり前に見られるのに昔はなかったものがあります。それは、「立ち弾き」です。すでに見たように、奄美では島唄の主流は歌遊びでしたから、伝統的に歌は座って歌うものでした。昔の民謡大会の写真を見ても、唄者は皆椅子か座布団の上に座って歌っています。奄美で立ち弾きが一般的になったのは、一九七〇年代のことです。きっかけは、奄美と沖縄の文化面の交流が盛んになり、島唄の唄者が沖縄に招かれるようになったことでした。沖縄では三線の立ち弾きは当たり前で、テレビの収録などもすべて立ち弾きでした。そこに奄美の唄者が出演し、自分だけのために椅子を要求するわけにもいかず、仕方なく立って弾いたのが立ち弾きの始まりだということですが、最初のうちはどうすればいいかわからず、コツをつかむまでにはいろいろと苦労があったようです。

しかし、奄美にも立ち弾きの伝統がなかったわけではありません。集落の道を歩きながら三味線を弾く「道弾き三味線」という習慣がそれです。こんな歌があります。

道弾き三味線や医者よりも優り　寝なし居(も)る加那も目覚(うず)で聞きゅり

(道弾き三味線の音は医者よりも効き目があります。病気で寝ている人も起きて聞くよ)

昔は集落の三味線の名人がときどき夕暮れに三味線を弾きながら道を歩いていて、それがとてもよかったという話をいまでもお年寄りから聞くことがあります。ただ、これはけっして一般的な習慣ではなかったようで、その弾き方が伝授されるという種類のものではなかったようです。立ったまま三味線を弾いて歌うというのは、やはり沖縄から入った新しい伝統でしょう。このように三味線の弾き方ひとつをとっても、島唄の伝統というのは短期間でいろいろな変化をしていることがわかります。

Ⅴ　島唄は何を歌っているのか

1　わからない意味

島唄の歌詞はシマグチでできています。ですから、シマグチがわからない人がいきなり聞いても何を歌っているのか意味がわかりません。では島の人（シマッチュ）ならばわかるのかというと、学校で共通語教育を受けた世代はあまりわからなくなっているようです。しかも島唄は古い歌ですから、いまでは使われない語句が使われていたりもします。

島唄教室では歌詞の意味は詳しく教えないので、生徒のほうは何を歌っているのかよくわからず、「まるで呪文のようだ」と思いながら勝手に似ている現代語を当てはめて、本来の意味とはまったく違う意味を想像していたという笑い話をよく聞きます。

じっさい島唄はその曲名だけですでに謎めいています。たとえば、「やちゃぼう節」という歌があります。これは「ヤチャ坊」とか「野茶坊」とかいろいろな表記がありますが、ある人は「やんちゃな野人」だから「野茶坊」なのだといい、ある人は「ヤチャ」とは魚の「かわはぎ」ことで、それを獲る名人だから「ヤチャ坊」なのだといい、どれが本当かよくわかりません。

「いまぬ風雲節」という歌は、ふつうは「いま風雲が立ちのぼろうとしている」という意味で解されていますが、じつはそうではなく「いま」は「うま」の聞き間違いで、本当は「午の風」すなわち「南風」のことだという人もいます。

島唄でよく歌われる「しゅんかね節」も、「しゅんかね」とはハブのことだという説があったり、「しょうがない」の意味だという説があったり、「俊金」という人の名前のような当て字をつけることもあり、といろいろです。

歌のタイトルだけでこれだけ問題があるのですから、細かい歌詞の意味をあげればきりがありません。けれども、この「意味がわからない」とか「どう書くのかわからない」という疑問こそ、じつは「声の文化」への大切な入り口なのです。というのも、それはそもそもどう書くのかを考える必要がない文化だからです。「声の文化」では意味はさほど重要ではありません。リズムやノリなど、それよりももっと大切なものがたくさんあるからです。だから、島唄に少々チンプンカンプンな歌詞が出てきてもあまり気にする必要はないのかもしれません。むしろ、ことばの音やリズムを味わい楽しむことのほうがもっと重要なのではないでしょうか。

2　教訓歌

最初にもいいましたが、学校制度が整備される以前の昔の農村社会では、文字の読み書きができる人はほとんどいませんでした。読み書きができないというのは、忘れないようにメモをとることもできないわけですから大変に不便なことです。そうした時代には、大切なことは節をつけて覚えました。いまでも学校では日本全県の名前を歌で覚えたり、歴史の年代を語呂合わせで覚えたりしますが、ものごとは節をつけると記憶しやすくなります。歌には気晴らしや娯楽のほかに、記憶というきわめて実用的な目的があったのです。

歌で覚える大切なことのひとつは、人生における有益な知恵です。島唄ではそういう歌は「教訓歌」と呼ばれています。なかなか含蓄のある歌がありますので、いくつか紹介してみましょう。

山の木の高さ　風ににくまれり　きも高さ　もてば他人がにくむ
（高い木には風がたくさん当たる。人もお高くとまれば憎まれる）

花なればにおい　枝もちやいらぬ　なりふりやいらぬ　人は心
（花は香り。枝ぶりは問題ではない。人もまた見た目ではなく心である）

茄子の花と親の意見や　千なんひとつの無駄やねん
（必ず実をつける茄子の花のように、親の意見にも無駄なものはない）
心もち方や芭蕉ぬ葉ぬ広さ　松の葉の狭さん心もつな
（芭蕉の葉のように広い心をもて。松の葉のように狭い心ではいけない）

こうした教訓歌は島唄にそれほどたくさんあるわけではありませんが、いまでも島で年配の人と話していると、ときおり話のなかにこうした教訓歌の一節が出てくることがあります。先人の知恵がコンパクトにまとめられ、そのうえ節がついているわけですから、人生訓としてはまさに理想的な形だといえるかもしれません。奄美には歌をたくさん知っていれば半分学問をしたも同じという意味で「歌半学」ということばがありますが、それもこうした背景を考えると納得できるでしょう。

3　ニュースメディアとしての歌

歌はまた、テレビもラジオも新聞もなかった時代においては重要なニュースメディアでした。島唄には心中事件や殺人事件を扱った歌がいくつかあります。たとえば、「かんつめ節」は女性の自殺とその恋人の後追い自殺、「ちょうきく女節」は心中事件、「塩道（しゅみち）長浜節」は殺人事件、「むちゃ加那節」（別名「うらとみ節」）は殺人事件と後追い自殺を扱った歌です。「なんて陰惨な」と思うかもしれませんが、似たような事件はいまでも全国紙の三面記事やテレビのワイドショーをにぎわせていますから、当時は島唄がこの種のメディアであったと考えればいいでしょう。

　新聞が毎日の出来事を伝えるように、昔の奄美では身近で何か事件が起こると、それは歌にして伝えられました。その場合、歌詞が乗せられる節の多くは、誰もが歌える仕事歌でした。「かんつめ節」や「塩道長浜節」も、もともとは草薙歌や船漕ぎ歌の節であったことが知られています。誰もが知っている仕事歌は、ニュースをいち早く伝えるための格好の媒体だったのです。そうした歌のなかには、少しずつ元歌を離れて独立し、仕事歌とは別の節をもつようになっていったものもありました。島唄のレパートリーには、こうした成り立ちの歌は少なくないはずです。

島唄がどんなニュースを伝えたのか、もう少し見てみましょう。

　　軍艦ぬかかて芦検（あしけん）沖から田検（たけん）沖がれ軍艦ぬかかて　今里、志戸勘（しどかん）、名音（なおん）、戸円（とえん）ちゅやうり見
　りが

この歌など「芦検の沖から田検の沖にかけて軍艦が停泊し、今里、志戸勘、名音、戸円からたくさんの見物人が訪れています」と、思わずアナウンサーの口調で読みあげたくなるような内容です。奄美は離島ですから、このような船舶や海難事故に関する歌はたくさん歌われました。次の歌もそうです。

西ぬ実久(さねく)なんて大和船ぬ破れて　浦とれれ　とれれお金とめろ
（西の実久村の沖で、薩摩船が難破した。早く凪いでおくれ、お金拾おう）

この歌はニュースを伝えるという役割のほかに、仲間を募る呼びかけの役割も果たしていたことでしょう。このように島唄では実際に起きたさまざまな出来事が歌われましたが、一方で今日ならば週刊誌がネタにするようなゴシップもよく歌われました。ここで再び節子のトミに登場してもらいましょう。

節子ぬトミや　名瀬ぬらんかん橋いきば　店ぬ手代(てでん)きゃや　算用(さんよ)まちげ
（節子のトミが名瀬のらんかん橋を歩けば、店子が見とれて、計算まで間違えてしまう）

この歌などそもそも誰がつくった歌なのでしょうか。もしかすると彼女のファンがつくった歌だったのかもしれません。三味線を弾く男勝りのトミさんは、人目を引く美人でもあったようで、おそらく当時の奄美ではスター的な存在だったのでしょう。当然、ゴシップネタにもこと欠かなかったようです。こんな歌もあります。

手紙もたし　住用の佐一やくめが手紙もたし　節子のトミくぁ　うれ見し泣くばかり
（住用に住む佐一という人が手紙を寄こしたら、節子のトミはそれを読んで泣くばかり）

見てきたような歌とはこういう歌のことをいうのでしょう。トミさんは佐一さんとどういう関係だったのかとつい考えてしまいます。ニュースだろうがゴシップだろうが、身近な出来事をどんどん取りあげて歌にするというのが奄美島唄の流儀だったのでしょう。

4　恋愛の歌

さて、歌が伝えるものといえば、洋の東西を問わずやはり恋心でしょう。現在残っている島唄の歌詞も、じつはその大部分は恋の歌です。そこに詠み込まれた愛情表現の多様さには、人はこれほどまでに手を変え品を変えて恋愛を歌えるものだろうかと、半ばあきれ、半ば圧倒されてしまいます。紹介したい歌は数多くありますが、まずはいかにも島唄らしい三味線が登場する歌から始めましょう。楽器になって恋人に抱かれたいという気持ちを訴える歌は古今東西にありますが、奄美の場合、その楽器は三味線です。

三味線なて抱かとりぶしゃんど　吾ぬが愛(かな)しゃる人に　三味線なて抱かとりぶしゃんど
(三味線になって抱かれたい。私が愛する人に三味線になって抱かれたい)

逆に比喩などは一切使わず、好きで好きでたまらないという気持ちをまっすぐに伝える歌も島唄にはたくさんあります。次の歌などは、あまりのストレートさにたじろいでしまうほどです。

心惚れしゃんど万惚れしゃんど　なきゃが肝心なんじ　心惚れしゃんど万惚れしゃんど
(惚れたよ、惚れまくったよ、あなたの肝心(ちむぐくる)。惚れたよ、惚れまくったよ)

一方で島唄には、胸に秘めているだけで告げることのできない恋の苦しさを歌った歌も少なくありません。恋しい人が他人の妻であるとか、自分にとって少々高嶺の花である場合です。

思て思わらぬ他人の玉こがね　見あげ見おろしぬ思たばかり
（どんなに慕っても許されない他人の大事な人は、遠くから拝んで思うしかない）

肝ちゃげの加那や滝の上の小花　いきゃ思ていてもままやならぬ
（あの人は滝の上に咲いた花だ。どんなに思っても自分のものにはならない）

恋のもうひとつの苦しみは、愛する人となかなか会うことができない苦しみです。たとえば、人目が気になって会えないとか、シマを越えた遠距離恋愛などの場合です。

恋路ひだめても情けわすれめや　朝夕　面影や数えならむ
（遠くにいても愛情はつのるばかり。朝夕顔が浮かぶのは数えきれないほど）

思いば焦りゅりいいば他人知りゅり　よそ目や恥じて紛りらよ加那
（思えば心は焦がれ、話せば人目がある。どこか人の目の届かないところに行こう）

加那がシマはシマ　糸なわばかけて　心枯れるときや　互いに詰めろ
（あなたと私のシマの間に糸縄をかけ、恋しいときに引き合いましょう）

島唄にはほかにも紹介したい多くの恋歌の名歌がありますが、紙数の関係でこの辺で終わりにしなければなりません。おしまいに、少し変わり種の恋歌を一首だけ紹介しましょう。プロの女性に入れあげてスッカラカンになってしまった男の歌です。

取ったん金ぐゎ　店屋の番頭しゅて取ったん金ぐゎ　屋仁川（やんご）のおきよに打ち惚れて
（せっかく店の番頭をして稼いだ金を、屋仁川のおきよに惚れて使っちまったよ）

こうした失敗談もきちんと歌ってくれるところが、生活歌としての島唄の面目躍如たるところです。惚れた弱みをつかれたダメ男のボヤキが聞こえてくるようで、なんとも微笑ましいです。

5　昔の生活を伝える歌

このように島唄で歌われる事柄はさまざまですが、いまの私たちから見て興味深いのは、そこに現在では失われてしまっている風習や習慣が見つかることです。つまり島唄には奄美の昔の生活や風俗を伝えてくれる貴重な資料という側面もあるのです。

たとえば、昔の奄美の女性が入れていたアヤハジキというさまざまな模様の入れ墨を歌った歌があります。

夫(うとぅ)欲(ふ)しゃもちゅとき　妻(とぅじ)欲しゃもちゅとき　アヤハジキ欲しゃや命かぎり

（夫がほしいのもいっとき、妻がほしいのもいっときだが、アヤハジキは一生ほしいもの）

アヤハジキの習慣というのはいまでは遠い昔話になってしまっていますが、それが当時の女性たちにとってどれほど憧れの的であったかということをこの歌は伝えてくれます。

女性といえば、婚姻に関連したこんな歌もあります。

あっから来ゆる舟やわん貰れが舟だらど　わん貰れが舟なれば　餅重さげ重と三合瓶ぬ降りろ

（向こうから来る舟は私を貰いに来る舟でしょう。もしそうなら、餅の重箱をさげて、結

納用の三合瓶が降りてくることでしょう）

結納には餅重と三合瓶がつきものだったようで、この二つは婚姻の比喩として島唄にはよく出てきます。遠くから近づいてくる舟の光景と期待と不安が入り混じる乙女心が印象的な歌です。

一方、ユイの精神で成り立っていた昔の奄美の集落の生活を垣間見させてくれる歌もあります。

浜ながし行きばシュクぬ寄とり　網サデやもただなこと欠きゅり　網寄してしきばサデ寄してしきば　網や網だますサデやサデだます　ノロやノロだます宮司や宮司だます　たます打ち果てて胴や胴まで

（浜伝いに行くと、シュクが寄ってきて、網やサデ網のもち合わせもなかったので、借りてきて、獲った魚を借してくれた人や、ノロや宮司に分配していたら、自分の分は何もなくなってしまいました）

これはタマス（玉数）という昔の習慣を歌ったものです。かつての奄美には漁や狩りの獲物はみんなで平等に分配するという習慣がありました。「シュク」と呼ばれるアイゴの稚魚をせっかく獲ったのに、網やサデ網を貸してくれた人や、自然の恵みに感謝するために神職のノロや宮司にも分配していると、自分の分は何もなくなってしまったという歌ですが、自分を差し置いても他人への分配を優先する昔の共助の精神が伝わってきます。

また歌のなかには、いまではもう見られなくなった奄美の昔の風景も残っています。次の歌は昔の習慣と風景をともに伝える貴重な歌です。

荒りりばむ立ちゅり凪りばむ立ちゅり　立ちまさりまさり塩屋ぬ煙
（荒れた日も立つ、凪いでいる日も立つ、盛んに立つのは塩焚きの煙です）

塩焚きというのは、海水を焚いて塩をつくる習慣のことです。かつての奄美では、その作業が雨の日も風の日も休むことなく行われていたことをこの歌は教えてくれます。奄美の海岸では方々でこの塩焚きの煙が立ちのぼり、それが島の日常の風景をつくっていたのです。

Ⅵ　島唄はどこで生まれたのか

1　島唄の起源

これまで奄美の伝統歌謡としての島唄について語ってきましたが、そもそもいま島唄の名で呼ばれている歌はどこで生まれたものなのでしょうか。奄美島唄なのだからすべて奄美の生まれだろうと思うかもしれませんが、それほど簡単にはいかないのが民謡の面白いところです。

よく知られているように、日本人に大変親しまれている「蛍の光」は明治期に教科書を通じて普及したスコットランド民謡です。これほど極端ではなくても、もともと外来のものなのに昔からその土地にあったかのようになじんでしまった例は、歌の場合少なからずあります。しかも奄美は島ですから、大昔から海路を通ってたくさんの人の往来があったことでしょう。そうやって訪れた人々が、よその土地から歌を運んできたことも珍しくなかったはずです。ですから、いまの島唄に外来の歌が混ざっていないという保証はどこにもありません。

じっさい島唄のなかには奄美以外から来たのではないかと思われる歌がいくつかあります。以下、そうした歌について少し見てみることにしましょう。もちろん島唄は作者不詳ですからその出自を正確に知ることはできませんが、たとえ決定的なことはわからなくても、歌の伝播を考えることは島唄について多くのことを教えてくれるはずです。

ここではそれを二つの視点から考えてみましょう。ひとつは北、つまり本土からという視点、もうひとつは南、すなわち沖縄からという視点です。奄美はこの二つの文化が交差し合流する地点だからです。

2　本土と関係が深い歌

島唄のうち本土から来たことが明らかな曲は「六調」です。この歌は奄美の代表的な「ぞめき歌」（騒ぎ歌）で、島唄のイベントでは最後にこの歌が演奏され、観衆が手踊りで踊り出すのがつねですが、この曲はじつは本土由来なのです。歌詞が、

踊り好きならはよ出て踊れ　歌ぬさまれば踊ららぬ　めでためでたの若松様よ　枝も栄える葉も茂る

と、対訳をつける必要もないほどわかりやすい七七七五調の大和のことばであるのを見れば、それが本土由来であることはすぐに納得できます。この歌は南九州で祝い歌として歌われていた「六調子」が奄美に渡ってできたものだといわれています。

奄美では「六調」と並ぶぞめき歌として知られる「天草」も本土から渡来した歌です。元歌は一説には鹿児島の「オハラ節」だといわれていますが、鹿児島からではなく天草の牛深から奄美に入ったので、この曲名になったという人もいます。鉄道が開通するまでは、長崎からの物資は天草を経由して鹿児島に届いたので、歌もその経路で伝わったというわけです。

「六調」についても、本土から奄美に入ったのち、今度は逆に奄美から天草の牛深に上陸して「ハイヤ節」になり、それが日本海を通過するうちに「おけさ節」に、さらに東北にのぼるうちに「甚句（じんく）」になったのではないかという説があります。もしそうだとすれば、奄美の「六調」の影響は南から北まで日本全国に及んでいることになり、なんともスケールの大きな話になります。

「六調」が歌われている地域は、大島、加計呂麻島、請島、与路島、喜界島、徳之島で、南部の沖永良部島や与論島、また沖縄本島では歌われていません。しかしながら、その先の八重山では歌われているのです。どうしてこうなるのか理由はよくわかりませんが、これも歌の伝播の面白さを感じさせる話といえるでしょう。

「六調」「天草」ほど明白ではありませんが、本土由来である可能性が高い歌としてあげられるのが「糸繰り節」です。

心配（しわ）じゃ心配じゃ　糸繰り心配じゃ　糸が切りりば　むすばりゅめ

（心配だ。糸繰りは心配だ。糸が切れたら結びなおすことができるだろうか）

と、歌詞がシマグチなので一見琉歌調に見えるのですが、音を数えると最初の「しわじゃしわじゃ」だけ六音で、あとは七七五音です。ほかの歌詞も七七七五ですから、この歌の基調は本土の近世小唄調であることがわかります。あまり知られていませんが、同じ節で「ウギ切り節」というサトウキビ（ウギ）刈りの歌もあります。

心配（しわ）じゃ心配じゃ　ウギ切り心配じゃ　ウギの高切り　札はきゅり

（心配だ。サトウキビ刈りは心配だ。サトウキビを根元から高く切ると罰せられる）

「糸繰り節」は、名瀬の観音寺の隣にあった薩摩藩の糸繰り所で歌われていたといわれています。一方、砂糖づくりもまた藩の重要な事業でしたから、本土から下った官製の労働歌が元歌としてあった可能性も考えられます。

もうひとつ本土起源と考えられるのは、「行きゅんにゃ加那節」です。

行きゅんにゃ加那　吾きゃくとわしりて　行きゅんにゃ加那
（行ってしまうのですか。私のことを忘れて、あなたは行ってしまうのですか）

というよく歌われるこの歌の歌詞は、島口で六八六ですから、形式は琉歌のそれに従っています。けれども、琉歌調の八音が「きゅうぬ　ほこらしゃや」のように三・五の八音であるのに対し、この歌の場合は「わきゃくと　わしりて」と四・四の八音となっています。こうした形式は本土系の歌、とくに数え歌によく見られますが、奄美にはまさにその種の数え歌がいくつか伝えられていて、「行きゅんにゃ加那節」の節で歌われます。

ひとつとせ　人ゆんままさゆん　体むっち
（ひとつとせ、人よりも勝った体をもち）

この数え歌が「行きゅんにゃ加那節」の元歌であった可能性は高いでしょう。「糸繰り節」や「行きゅんにゃ加那節」はどちらも共通語の歌詞を乗せやすく、替え歌がつくりやすい曲として知られていますが、それも理由がないことではないのです。

「六調」「糸繰り節」「行きゅんにゃ加那節」以外の歌としては、「くるだんど節」と「ちょうきく女節」が歌詞の形式から本土系だと考えられています。なお、「ちょうきく女節」は別名を「昔くるだんど節」といい、「くるだんど節」の異名同曲です。「行きゅんにゃ加那節」は「ゆん目やんみ節」と「取ったん金ぐゎ」という異名同曲がありますので、これらの曲も本土系であると考えられます。

3　沖縄と関係が深い歌

奄美島唄というと沖縄と関係が深いというイメージが強いようです。同じ琉球文化圏なので、歌も沖縄の影響が大きいと思われているのでしょう。じっさい奄美南部の歌は沖縄と同じ琉球音階ですし、沖縄民謡のレパートリーに入っている歌も少なくありません。しかし、島唄と沖縄の歌の関係についてはじつはよくわからない点が多いのです。

すでに見たように、本土系の歌は歌詞の形式を手がかりにして識別することができましたが、沖縄の歌はどちらも同じ琉歌調ですから歌詞から判断することはむずかしくなります。もちろん昔の琉歌集に載っているような歌詞ならば、奄美に入ったものはいくつも確認されていますが、文献で確認できないものに関しては沖縄由来の歌を識別する方法はありません。節という観点から見ると、沖縄生まれの歌で奄美の歌になったものがあったとしても、琉球音階の歌はそのまま移植されることはなく、土地の音階の歌に変わってしまいますから、音楽的観点からの影響を指摘することは困難になります。

ここで興味深い例を紹介しましょう。芦検集落に伝わる「汗水節（あしみずぶし）」です。「汗水節」は一九二八年に沖縄で貯蓄奨励民謡の歌詞を募集したことがきっかけとなって生まれた新しい歌です。ですから、作詞者も作曲者も明らかです。沖縄ではいまでも愛唱されている歌ですが、この歌がどういうわけか宇検村の芦検集落の「稲すり踊り」で歌われるのです。踊りのほうは戦前に創作されたとのことですが、最初に「汗水節」、続けて「稲すり節」が歌われます。歌詞は、

汗水や流ち　働ちゅる人の心嬉しさや　他所の知ゆみ　他所の知ゆみ

（汗水流して働いている人が喜んでいるのを、ほかの人は知らないでしょう）

と、沖縄の「汗水節」と同じですが、節のほうは見事に元歌とは違う奄美北部の音階になってしまっています。最近の曲でも短期間でここまで変わってしまうわけで、琉球音階の曲がどのよう

図10　群遊の図（『南島雑話』奄美市立奄美博物館所蔵）

に奄美に移植されるかを示す興味深い一例といえるでしょう。

そういえば「稲すり踊り」で「汗水節」のあとに歌われる「稲すり節」も、奄美北部の音階と琉球音階の二つのヴァージョンがある貴重な曲ですが、この歌に関してはどちらの音階が先かということはわかっていないようです。

奄美と沖縄の関係については、すでに見たように『南島雑話』にも琉球から来たゾレに関する言及がありましたが、この女性が琉球音階の曲を歌わなかったはずはないでしょうし、同じような女性はほかに何人もいたはずです。『南島雑話』にはまた、三味線に関して「蛇皮又紙を渋ひきにしたるものあり。皆琉球より求め来る」という記述があり、沖縄との深い関係がうかがえます。その一方で、左源太が描くスケッチに登場する三味線は四角く角張っていて、撥の形を見ても本土の三味線にしか見えません（図10）。おそらく江戸時代末期の大島では、大和の文化と琉球の文化がさまざまな分野で混在しており、音楽もまた例外ではなかったでしょう。

次に必ずしも沖縄由来の歌ではありませんが、沖縄との関係でよく話題になる歌を紹介しましょう。「しゅんかね節」です。

しゅんかねくゎが節や　わがくなしうかば　三味線むちいもれ　ついきておしょろ
（しゅんかね節は私がつけますから、三味線をもってきてください。歌をつけますよ）

この歌は奄美では「しゅんかね節」の名で親しまれていますが、歌詞のほうはむしろ「しゅんかね節」を歌うことを話題にしているという面白い歌です。解釈にもよるでしょうが、同じ名前の歌がどこか別にあり、それについて歌っているような印象も受けます。

沖縄には「与那国ションカネー」「多良間シュンガニー」など「ションカネー」「ションガネー」

「スンカニ」などと呼ばれる歌がありますが、いずれも男女の別離をテーマとした余韻嫋々(じょうじょう)たる哀歌で、奄美の「しゅんかね節」とはだいぶ趣が異なります。

本土にも「ションガエ節」「ションガ節」「シュンガヤ節」などの名で広範囲に分布する歌があり、沖縄の歌の元になったと言われていますが、それらは主として祝い歌、踊り歌、仕事歌でにぎやかな歌が多いです。いずれも曲名と同じ囃子がつく点に特徴があります。奄美と沖縄の歌にも同様の囃子がつきますから、曲名は囃子からとられたと考えていいでしょう。奄美の「しゅんかね節」が本土と沖縄のどちらから伝わったのかはわかりませんが、同系統のタイトルをもつ歌が広く全国に伝わっていることには驚かされます。

沖縄との関係では、「諸鈍長浜節」も外せません。この歌でよく歌われる歌詞が、『琉歌百控』にある「諸鈍節」に見つかることはすでにⅡ章で指摘しましたが、沖縄には「諸鈍長浜節」と関連のある歌がほかにもいくつかあります。

まず古典音楽のレパートリーの「諸屯節」です。この歌の代表的な歌詞にも、いま述べた「諸鈍節」と「諸鈍長浜節」に共通する歌詞が含まれています。しかし曲調はまったく異なります。同じ古典音楽には「遊び諸屯節」という歌もありますが、節にも歌詞にも「諸鈍長浜節」と共通するところはなく、「諸鈍」という地名も出てきません。ただ、「ヒヤルガヘー」という「諸鈍長浜節」に特徴的な囃子ことばが登場するという点では共通しています。

沖縄の曲のうち「諸鈍長浜節」との関係でもっともよく比べられるのは、おそらく琉球古典舞踊で唯一仮面をつけて踊られる「醜童（しゅんどう）」でしょう。この踊りのなかで歌われる「しゅんどう節」の歌詞は、「諸鈍節」と同様、「諸鈍長浜節」の歌詞とほぼ同じです。この舞踊は仮面をつけるという点で「諸鈍シバヤ」を連想させますし、多くの点で「諸鈍長浜節」との関連が想像されますが、残念ながらそれ以上のことはよくわかっていないようです。ともあれ、「しょどん」「しゅんどう」という相似た音の連鎖によって一連の歌がつながっていくのは、「声の文化」ならではの面白さといえるでしょう。

図 11　諸鈍長浜

いまひとつ、『琉歌百控』にある「謝敷節（じゃしき）」という歌も、歌詞のうえで「諸鈍長浜節」と多くの類似点があります。

謝敷板干瀬に打へ引波の　謝敷宮童の目笑歯
(謝敷板干瀬に寄せ引く波は、謝敷の娘が笑ったときの歯のようだよ)

この歌には「國頭間切謝敷村」と付記がありますが、国頭には現在でも同じ名前の地域があります。諸鈍は古来海上交通の要衝で沖縄との交易も盛んでした（図11）。謝敷がある沖縄最北端の国頭は、奄美にもっとも近い地域ですので、この歌も「諸鈍長浜節」と何らかの関連があると考えていいでしょう。

「謝敷節」が収録された『琉歌百控』には、島唄にとどまらず八月踊り歌とも関連のある歌がいくつも見つかります。島唄研究家の小川学夫氏によれば、最初に編纂された「乾柔節流」のみを見ても全体の四分の一近くが何らかの形で奄美と関連する歌だそうです。これだけでも、歌の面で奄美と沖縄の交流がいかに盛んであったかがうかがえます。

Ⅶ　島唄は誰が、なぜ歌っているのか

1　日常から離れる島唄

これまで見てきたように、島唄はかつての島の生活としっかりと結びついていました。文字文化が普及せず、新聞もテレビもラジオもなく、農業や林業や漁業が労働の中心であった時代の生活です。仕事をしながら歌い、何か出来事が起こればそれを歌の節に乗せて伝え、ときには仲間と一緒に歌遊びをする。島唄はそういう日常のなかで育まれ、歌い継がれてきたものでした。

現代の生活は一変しています。島唄が生活の一部であったような日常はもうありません。オフィスでのパソコン作業に仕事唄はいりませんし、情報メディアはネットをはじめ身のまわりにいくらでもあります。かつて島唄が生活のなかで果たしてきた役割はすでになくなってしまったか、別のものに代わってしまっているのです。世界中の歌がスマホで簡単に検索できる時代ですから、聴くにせよ歌うにせよ、歌は自分の好みに合わせていくらでも選択できます。歌遊びもずいぶん前からカラオケに駆逐されてしまっています。

なによりも変わったのはことばでしょう。シマグチは共通語にとって代わられ、かつて島唄がシマウタたるゆえんであり、「水にひきゃされてことばかわろ」と歌われた集落ごとのことばの違いも消え去りつつあります。島唄の歌詞はいまや学校で習う古文と同様に学習すべき対象で、日常とはつながりのない世界になってしまっています。

こうした世界では、本当なら島唄はいつ消えてもおかしくないはずです。にもかかわらず、島唄を歌う人は絶えません。これだけ生活と離れてしまった島唄をいま誰が、なぜ歌っているのでしょうか。

2　奄美にとって島唄とは

その前に、ひとつ確認しておきましょう。奄美にとって島唄とは何でしょうか。島唄は過去のさまざまな出来事、人々の生活や感情、そして風俗習慣が土地のことばでふんだんに詠み込まれている歌です。つまり、奄美にとって島唄とは歴史書であるとともに民俗誌でもあり、またことばの記録でもあるのです。しかもそれは多くの歴史書のように権力者によって編纂されたものではありません。文字を解さない民衆が口から口へと歌い継いできたものなのです。こう考えると、島唄は単に歌ではなく、ふつうの歌の何倍もの重さと意味をもった特別な歌だということがわかるでしょう。とくに史書をもたない奄美にとって、それはまさに古典中の古典です。シマッチュはよく「島唄は島の宝」といいますが、これはけっして大げさなことばではないのです。

しかし、島唄はそうした貴重なものであるのと同時に、それが歌である以上、人々に楽しみを与えるものでもあります。こうした二つの異なる側面が自然に共存しているところが、島唄の本当に独特なところだといえるでしょう。つまり、それはきわめて貴重なものでありながら、だからといって神棚に祀られるのではなく、逆に俗世にさらされるのです。ふつうの民謡ならこういうことはありません。すでに過去のものになり、古典として行事の際にしか歌われない民謡もたくさんあるのです。そのなかで島唄は、奄美が誇る古典でありながら、同時に現在のものでもあり続けるというまことに珍しい民謡だといえるでしょう。そして、今日の島唄を考えるとき、島唄のこうした二面的な性格はとても大きな意味をもってきます。

図12　個人教室（石原久子氏）

3　島唄教室

本土の人のなかには、奄美の人はとくに習わなくてもみんな島唄を知っていると思い込んで

図 13　集落の教室（大笠利わらべ島唄クラブ）

図 14　公民館講座（当原ミツヨ氏）

いる人がいます。もちろん、実際にはそんなことはありません。それどころか、シマッチュでも島唄のことをよく知っている人はごく一部です。歌う人となるとさらに少ないでしょう。生活のなかに島唄があったのは遠い昔ですから、奄美でも島唄を歌える人は、親や祖父母から「英才教育」を受けたのでもないかぎり、島唄教室で学んでいるのがふつうです。

　島唄教室は島唄を学ぶためのもっとも一般的な手段です。ひとくちに島唄教室といってもいろいろです。なかには日本民謡のように流派をつくって全国規模で展開している教室もありますが、これは例外で、大半は唄者や三味線奏者が個人で行っているか（図12）、集落の有志が行っているか（図13）、公民館講座として行っているか（図14）のいずれかです。教え方も人それぞれです。独自の歌詞集や三味線譜をつくっているところもあれば、まったくつくらない教室もあります。生徒の年齢層も、子供に特化している教室以外は幅広いです。教室によっては子供と大人で学ぶ時間を分けているところもあります。

　島唄教室は一九六〇年代末頃から現れ始めたもので、それなりに歴史は長いのですが、その存在が注目され出したのは、教室で学んだ子供たちが八〇年代以降に後述する島唄コンクールで次々と優勝するようになってからでしょう。島唄というと昔は大人がやるものとされていましたから、これは大きな変化でした。以来、教室で学び、コンクールで優勝することが、まるで唄者への登竜門であるかのように語られるようになります。次にこうした変化の中心にある島唄コンクールについて、その歴史を少し振り返っておきましょう。

図 15　島唄コンクール（奄美民謡大賞）の舞台

4　島唄コンクール

奄美で最初の島唄コンクールが開催されたのは一九七五年です。それまで島唄には各地の名人が集まる民謡大会という催しはありましたが、コンクールはありませんでした。コンクールが行われるようになったのは、民謡大会に出場する名人の顔ぶれが固定化して新しい唄者を発掘する必要が生まれたからでした（図15）。

奄美島唄の歴史のうえで、コンクールの出現は画期的でした。それまでの島唄にはシマ一番の唄者はいましたが、島一番の唄者はいなかったからです。コンクールはシマジマの唄者を中心地の名瀬に集め、島一番を競わせました。その意味で、コンクールの登場は「シマウタ」を「島唄」へと転換させる大きな一歩だったといえるでしょう。

ところが、話はそれで終わりませんでした。ほどなく島唄コンクールから全国の民謡コンクールで優勝するような唄者が現れ始めたからです。長い間シマのものであった島唄は、シマを超え、島も超えて、今度は一気に全国を舞台とするようになるのです。参加者の目標はこうして島一番から国一番へとグレードアップしていきます。競うべきはシマジマの唄者にとどまらず、全国の民謡歌手になるのです。

奄美の唄者が全国的なコンクールで優勝すれば、当然ながらそれはシマッチュの誇りになり、島唄も彼らのおかげで全国に知られるようになります。けれども、こうして全国区になった島唄に違和感を覚える人も出てきました。とくに昔の歌遊びの記憶をとどめる人たちです。たとえば、島唄の最高の褒めことばのひとつは「ナツカシイ」ですが、コンクールでは必ずしもナツカシイ歌が評価されるわけではありません。声量や高音などそれ以外の評価基準がたくさんあるからです。結果として、そこで歌われる歌はふつうの人が歌う島唄とはかけ離れたものになっているというのが現状です。それは本当の島唄ではないのではないか、という声も聞こえてきます。

こうした批判はたしかに的を射ています。しかしながらコンクールの問題点は、そもそも島唄がステージに上ったときからの必然だったのではないでしょうか。もともとお座敷の歌遊びで歌われていた島唄が、大ホールのステージでマイクを使って歌われるようになれば、良いとされる歌も変わってきて当然です。たとえば、お座敷では大した声量はいりませんが、大ホールのステージで歌うにはそれなりの声量が要求されます。しかも、ステージに立つということは、さまざまなジャンルの歌手との比較にさらされることでもあります。極端な話、オペラ歌手と一緒に歌うこともあるかもしれません。そういうときでも、「奄美島唄はすごい」と聴衆を唸らせる人が島唄の世界にいることは、とても重要なことでしょう。

こうした点から見れば、島の宝である島唄を誰が見ても立派に歌いこなす人を発掘する場として、現在のコンクールは十分に機能しているといえるかもしれません。とはいえ、歌の基準をつくる場がほぼコンクールにかぎられているいま、本来必要なはずの島唄独自の評価基準が見えにくくなってしまっているのも事実です。価値観が多様化するなかで、何をもって島唄の魅力とするのか。議論は尽きませんが、こうした議論が可能なのも、奄美の人たちが歌を愛すればこそなのかもしれません。

5　島唄のいま

コンクールは島唄の世界を大きく変えました。しかし、実際にはコンクールに出場するような人は島唄学習者のごく一部で、大半の人はコンクールとは無関係に島唄を歌っています。では彼らはどういう理由で島唄を学び始めるのでしょうか。ここでもう一度島唄教室に戻ってみましょう。

まず子供たちです。男女関係に関する歌が多い島唄は、本来は子供には縁遠いものでしたが、島の文化継承の一環として子供たちにも島唄を教えるような風潮が出てきてから、島唄教室で島唄を習う子供が増えました。そして、このことが島唄の水準を飛躍的に向上させることになったのは紛れもない事実です。子供が島唄を始める理由として一般的なのは、歌好きの祖父母の影響というものです。子供の頃に島唄を歌うと、おじいちゃんやおばあちゃんが一番喜んでくれたという話は本当によく耳にしますし、祖父母の喜びが励みになってますます島唄に熱中するようになったと語る唄者は少なくありません。

一方で、親の影響で島唄を始めたという子供は少ないようです。逆に子供がやりたいというので親が付き添いで行ったら、親もやりたくなったという人にはしばしば出会います。親の影響で歌を始めるのは、子供がある程度大きくなってからという場合が多いようです。年配の方では、よく親を亡くしてから親が島唄を歌っていたのを思い出して自分も歌うようになったという人がいます。このような世代のつながりが島唄を学び始めるきっかけになったという人は少なくありません。どうやら島唄には、世代をつなぐ役割があるようです。

大人の場合、島唄を学ぶ理由はさまざまです。昔から多いのは、島に赴任した本土出身の学校の先生が島の文化を学ぶ一環として島唄教室に通うという例です。こうした人たちは、動機もはっきりしているし、時間もかぎられているのでとても熱心だということです。逆にシマッチュのほうは、若い頃は島の外に関心を向けやすいので、子供の頃に島唄を始めたという人を別にすれば、どうしても自文化に目覚めるのは遅くなるようです。まずロックとかほかのジャンルの音楽をやって、あるとき島唄に目覚めて熱心に打ち込むようになるという場合が多いようです。

歌を始めるのは個人的な理由ばかりではありません。自分の住む集落に三味線を弾く人が誰もいなくなり、祝いの席などで聞き覚えの三味線を弾いたところ喜ばれたので本格的に習うようになったという人もいました。島の生活の変化を感じさせる話ですが、それでも集落から歌や三味線がなくなってはいけないと思うところに伝統の力を感じます。

島唄学習者のなかでもっとも人数が少ないのが、四十代から五十代といわれていますが、これは子育てや仕事が忙しい年代ですから無理もないでしょう。しかし一方で、この年代は学習者が島唄に目覚めた時期としてよくあげる年代でもあります。それまで島唄に特別な思いがなかったのが、四十五十の頃に聞いて急にいいと思うようになったということなのですが、こうして島唄に関心をもつようになった人が退職後に島唄を始めることも珍しくありません。じっさい、奄美の島唄人口の相当数を占めるのは、退職後の高齢者です。その数は子供の学習者よりもずっと多いのです。教室によっては生徒の大半が後期高齢者というところもあります。それまで島唄をほとんど知らなかった人たちですが、島唄を始めた理由を尋ねると、「ボケ防止」「老後の楽しみ」という答えとともに、「島に生まれたので島の文化を知るべきだと思った」というような答えが返ってきます。島唄はシマッチュが晩年になって自らのアイデンティティを振り返るときのひとつの手段になっているといっていいでしょう。

奄美の人の島唄との関係は、学習者だけにかぎりません。たとえば、父親が三味線好きで集落でよく知られた唄者だったというある女性は、自動車に乗るときは父親が遺した島唄の録音ばかりを聞くといっていました。それは兄弟も同じだそうです。彼らは有名な唄者の録音には目もくれませんが、父親の島唄だけは特別なのです。こうした歌との付き合い方はほかの地域ではあまり見かけませんし、どことなく昔のシマと歌の独特な関係が形を変えて残っているようにも思えます。奄美の人たちの島唄との関係は大変に多様で、教室やコンクールなどに限定されるものではありません。そうした関係のひとつひとつが、奄美のうた文化の厚みを形づくっているといっていいでしょう。

Ⅷ　おわりに

ここまで島唄に関するいくつかの疑問に答える形で書いてきました。改めてわかったのは、島唄についてはは資料も乏しく、わかっていることよりもわからないことのほうがずっと多いということです。けれども、こちらの疑問にすっきりと答えてくれる書かれた資料が存在しないということは、島唄が本当の意味で人々の「声の文化」であることの証明でもあります。もっとも、いまでは島唄の楽譜もつくられていますし、歌詞集もたくさん出ていますから、島唄もまた「文字の文化」の恩恵に十分に浴しているといえるでしょう。文字のおかげで島の文化が保存され、本書のように島唄について書くこともできるわけですから、それはそれで本当にありがたいことです。

しかしながら、島唄が生きた伝統であるためには、これまでそうであったように今後も現在進行形の「声の文化」であり続けなければならないでしょう。「声の文化」とは「文字の文化」のように紙の上で標本のように固定されるものではありません。これまで本書で紹介してきた島唄の歌詞もまた、けっして固定されたものではなく、これから歌われる新たな歌詞を導くものでなければならないでしょう。

民謡は昔から歌い継がれているものですが、時代に合わせて変化するものでもあります。本当に人々に歌い継がれている民謡は、まるで川のなかの石のように、時の流れのなかで転がされ削られて、絶えず形を変えていくものなのです。島唄もそれが歌い継がれるかぎり時とともに変化して、その姿を次々と変えていくことでしょう。本書では島唄の過去について多くの紙数を費やしましたが、本当に考えるべきはむしろその未来なのかもしれません。まだ見ぬ島唄の未来に大いに期待しつつ、この辺で筆をおくことにしましょう。

Ⅸ　参考文献

奄美島唄に関しては、すでに優れた文献や研究がたくさん出ています。本書はそうした成果から多くを学んでいます。以下、各章に関係のある文献を簡単な解説とともにあげておきましょう。

Ⅱ

①は音楽学的な側面から島唄を考察した代表的な著作。②は「声の文化」と「文字の文化」を知るための基本文献。③は奄美におけるシマと歌の関係を丁寧に論じています。④は楽譜付きで奄美島唄の主要な曲を掲載した基本文献で、解説もわかりやすいです。⑤はカサンとヒギャに関する座談会が掲載されています。

①内田るり子『奄美民謡とその周辺』雄山閣出版、一九八三年
②オング、W・J『声の文化と文字の文化』桜井直文訳、藤原書店、一九九一年
③中原ゆかり『奄美の「シマの歌」』弘文堂、一九九七年
④日本放送出版協会編『日本民謡大観（沖縄　奄美）奄美諸島篇』日本放送出版協会、一九九三年
⑤日本民俗音楽学会編『民俗音楽研究』第二〇／二一合併号、日本民俗音楽学会、一九九七年

Ⅲ

①は奄美の平家伝説を知るための基本文献。②は『南島雑話』における歌関係の記述を詳細に検討しています。③④⑤は島唄に関する古典的な名著です。

①岩瀬博・山下欣一編著『奄美文化を探る』海風社、一九九〇年

②小川学夫「『南島雑話』所出の民謡と唄の場」『沖縄文化研究　十九』法政大学出版局、一九九二年
③文英吉『奄美民謡大観』南島文化研究社、一九三三年（復刻版　文秀人、一九八三年）
④茂野幽考『奄美大島民族誌』岡書院、一九二七年（復刻版　歴史図書社、一九七八年）
⑤昇曙夢『大奄美史』奄美社、一九四九年（復刻版　南方新社、二〇〇九年）
⑥名越左源太『南島雑話1』平凡社、一九八四年
⑦名越左源太『南島雑話2』平凡社、一九八四年

Ⅳ

①②③は本章の内容をより詳しく知りたい人の必読文献。⑤⑥には立ち弾きに関する証言があり、⑦には裏声の起源に関する考察があります。

①小川学夫『奄美民謡誌』法政大学出版局、一九七九年
②小川学夫『「民謡の島」の生活誌』ＰＨＰ研究所、一九八四年
③小川学夫『歌謡の民俗　奄美の歌掛け』雄山閣出版、一九八九年
④田中悠美子・野川美穂子・配川美加『まるごと三味線の本』青弓社、二〇〇九年

⑤築地俊造／梁川英俊『唄者築地俊造自伝　楽しき哉、島唄人生』南方新社　二〇一七年
⑥中村喬次『唄う舟大工』南日本新聞、二〇〇五年
⑦仲宗根幸一『琉球弧の民謡入門「しまうた」流れ』ホーダーインク、一九九五年

V

①②⑤⑥⑦は島唄の歌詞集として必携の書。⑥には『琉歌百控』も収録されています。③は島唄の曲目解説の基本文献。④は奄美の生活や伝統と島唄の関係を詳しく教えてくれます。

①芦検民謡集編集委員会編『奄美大島宇検村　芦検民謡集』一九八五年
②池野無風著・西忠成編『奄美島唄集成』道の島社　一九八三年
③小川学夫『奄美の島唄』根元書房、一九八一年
④小川学夫『奄美シマウタへの招待』春苑堂出版、一九九九年
⑤セントラル楽器奄美民謡企画部編『奄美民謡総覧』南方新社、二〇一一年
⑥外間守善編『日本庶民生活資料集成　第十九巻　南島古謡』三一書房、一九七二年
⑦外間守善・田畑英勝、亀井勝信『南島歌謡大成Ⅴ　奄美篇』角川書店、一九七九年

本章の内容についてさらに知りたい人は②③④⑤の小川氏の論考が必読。本章も多くを負っています。⑦は南島歌謡に関して基本的な知識を教えてくれる名著。⑪の町田氏の論考には「六調」に関する大胆な仮説が提示されています。

①浅野建二編『日本民謡大事典』雄山閣出版、一九八三年
②小川学夫「『琉歌百控』と奄美の現行歌謡」『沖縄文化研究　七』法政大学出版局、一九八〇年
③小川学夫「奄美民謡と本土民謡の類似詞形」『地域・人間・科学』一九九八年
④小川学夫「奄美民謡「諸鈍長浜節」の系譜」『鹿児島純心女子短期大学研究紀要』二〇〇七年
⑤小川学夫「奄美における本土系民謡」『地域・人間・科学』二〇〇九年
⑥沖縄大百科事典刊行事務局編『沖縄大百科事典』沖縄タイムス社、一九八三年
⑦小野重朗『南島歌謡』日本放送出版協会、一九七七年
⑧久保けんお『南日本民謡曲集』音楽之友社、一九六〇年
⑨富浜定吉『五線譜　琉球古典音楽』文教図書、一九八〇年
⑩那覇出版社編集部編『琉球芸能事典』那覇出版社、一九九二年

⑪町田佳聲「民謡源流考」『日本の民謡と民俗芸能』音楽之友社、一九六七年
⑫山下欣一・小川学夫・松原武実編著『奄美六調をめぐって』海風社、一九九〇年

Ⅶ

①は島唄教室の現状に関する調査記録。②は当時の島唄の盛り上がりを伝える貴重な書物。③④は本章の内容をより詳しく知りたい人に。

①加藤晴明「奄美島唄という文化生産：島唄の教室化をめぐって（1）」『中京大学現代社会学部紀要』二〇一八年
②南日本新聞社『奄美復帰五〇年企画　島唄の風景』南日本新聞社、南日本開発センター、二〇〇三年
③梁川英俊「なぜ島唄を習うのか？—奄美大島における島唄教室の調査から—」『南太平洋海域調査研究報告』二〇一一年
④梁川英俊「奄美民謡の継承と地域の創造」『歌は地域を救えるか』鹿児島大学法文学部人文学科／三元社、二〇一三年

刊行の辞

鹿児島大学は、本土最南端に位置する総合大学として、伝統的に南方地域の研究に熱心に取り組み、多くの研究に成果あげてきました。そのような伝統を基に、国際島嶼教育研究センターは鹿児島大学憲章に基づき、「鹿児島県島嶼域～アジア・太平洋島嶼域」における鹿児島大学の教育および研究戦略のコアとしての役割を果たす施設として、将来的には、国内外の教育・研究者が集結可能で情報発信力のある全国共同利用・共同研究施設としての発展を目指しています。

国際島嶼教育研究センターの歴史の始まりは、昭和五六年から七年間存続した南方海域研究センターで、その後昭和六三年から十年間存続した南太平洋海域研究センター、そして平成一〇年から十二年間存続した多島圏研究センターです平成二二年四月に多島圏研究センターから改組され、現在、国際島嶼教育研究センターとして鹿児島県島嶼からアジア太平洋島嶼部を対象に教育研究を行なっている組織です。

鹿児島県島嶼を含むアジア太平洋島嶼部では、現在、環境問題、環境保全、領土問題、持続的発展など多岐にわたる課題や問題が多く存在します。国際島嶼教育研究センターは、このような問題にたいして、文理融合的かつ分野横断的なアプローチで教育・研究を推進してきました。現在までの多くの成果を学問分野での発展のために貢献してきましたが、今後は高校生、大学生などの将来の人材への育成や一般の方への知の還元をめざしていきたいと考えています。この目的への第一歩が鹿児島大学島嶼研ブックレットの出版です。本ブックレットが多くの方の手元に届き、島嶼の発展の一翼を担えれば幸いです。

二〇二〇年一月

国際島嶼教育研究センター長

河合　渓

梁川　英俊（やながわ　ひでとし）

［著者略歴］

1959年東京生まれ。鹿児島大学法文学部教授。1988年東京都立大学大学院人文科学研究科博士課程中退。フランス・ブルターニュ地方を中心とするケルト諸地域の言語・歴史・文化を主要な研究対象とする一方で、口承文化研究の立場から南西諸島、韓国・多島海、ミクロネシア等の島嶼地域の調査・研究にも携わる。1988年鹿児島大学教養部助手。講師、助教授を経て、2006年より同大法文学部教授。

［主要著書］

『しまうたの未来』鹿児島大学多島圏研究センター、2006年（編著）
Identité et société de Plougastel à Okinawa レンヌ大学出版局、2007年（共著）
『〈辺境〉の文化論』三元社、2011年（編著）
『歌は地域を救えるか』鹿児島大学法文学部人文学科 / 三元社、2013年（編著）
『ケルト文化事典』東京堂出版、2017年（共著）
『唄者築地俊造自伝　楽しき哉、島唄人生』南方新社、2017年（共著）
『大学的鹿児島ガイド』昭和堂、2018年（共著）
『島の声、島の歌』鹿児島大学国際島嶼教育研究センター、2019年（編著）

鹿児島大学島嶼研ブックレット　No.13

奄美島唄入門

2020年3月20日　第1版第1刷発行
2020年5月30日　第2版第1刷発行
2024年6月24日　　〃　2刷発行

著　者　梁川　英俊
発行者　鹿児島大学国際島嶼教育研究センター
発行所　北斗書房
〒261-0011　千葉市美浜区真砂 4-3-3-811
TEL & FAX 043-375-0313

定価は表紙に表示してあります

ISBN978-4-89290-052-5 C0040